万葉集から学ぼう
日本のこころと言葉

奈良の都

監修／上野 誠　絵／花村 えい子
編／こどもくらぶ

ミネルヴァ書房

はじめに

『万《まん》葉集《ようしゅう》』は、今《いま》から1300年《ねん》ほど前《まえ》の7世紀《せいき》後半《こうはん》から8世紀《せいき》後半《こうはん》にかけて編《へん》さんされた、日本《にほん》でいちばん古《ふる》い和歌集《わかしゅう》です。

「編《へん》さん」というのは、多《おお》くの材料《ざいりょう》を集《あつ》めて、整理《せいり》するなどして書物《しょもつ》の内容《ないよう》をまとめ上《あ》げることです。『万葉集《まんようしゅう》』は、全部《ぜんぶ》で20巻《かん》あり、約《やく》4500首《しゅ》の和歌《わか》がのっていますが、一人《ひとり》がまとめたものではなく、何人《なんにん》もの人《ひと》が何年《なんねん》にもわたって手《て》を加《くわ》えて仕上《しあ》げたと考《かんが》えられています。

ところで、「和歌《わか》」とはなんでしょうか。和歌《わか》は、「日本《にほん》の歌《うた》」「日本《にほん》で古《ふる》くからおこなわれている歌《うた》の形式《けいしき》」です。その多《おお》くは「短歌《たんか》」といって、5音《おん》または7音《おん》のひとまとまりの言葉《ことば》を「5・7・5・7・7」のリズムで「よむ（詠《よ》む）」歌《うた》です。「歌《うた》」といっても、メロディーをつけて歌《うた》うわけではないため、和歌《わか》は「よむ」といいます。

『万葉集《まんようしゅう》』には、天皇《てんのう》・皇族《こうぞく》、貴族《きぞく》ばかりでなく、役人《やくにん》や兵士《へいし》、農民《のうみん》まで幅広《はばひろ》い人《ひと》たちのよんだ和歌《わか》がのっています。また、歌《うた》がよまれた場所《ばしょ》も、東北地方《とうほくちほう》から九州地方《きゅうしゅうちほう》まで広範囲《こうはんい》にわたっています。そのため、作者不記載《さくしゃふきさい》の（作者《さくしゃ》がわかっていない）和歌《わか》が、2100首以上《しゅいじょう》もあります。

そうした人《ひと》たちがよんだ和歌《わか》の内容《ないよう》は、身分《みぶん》によってかわることのない、恋心《こいごころ》や人《ひと》の死《し》への悲《かな》しみ、一方《いっぽう》で、身分《みぶん》や立場《たちば》によってそれぞれことなる悩《なや》みや悲《かな》しみなど、さまざまです。このような歌《うた》がのる『万葉集《まんようしゅう》』からは、この時代《じだい》を生《い》きた人《ひと》びとの息《いき》づかいが伝《つた》わってきます。

このような『万葉集《まんようしゅう》』の歌《うた》がつくられた時代《じだい》を「万葉《まんよう》の時代《じだい》（万葉時代《まんようじだい》）」といっています。

このシリーズ「万葉集《まんようしゅう》から学《まな》ぼう　日本《にほん》のこころと言葉《ことば》」は、長年《ながねん》にわたって『万葉集《まんようしゅう》』の研究《けんきゅう》をされている上野誠先生《うえのまことせんせい》の「万葉《まんよう》の世界《せかい》」にふれながら、みなさんと『万葉集《まんようしゅう》』を楽《たの》しんでいきます。

この本《ほん》『奈良《なら》の都《みやこ》』では、藤原京《ふじわらきょう》から奈良《なら》の都《みやこ》への遷都《せんと》を描《えが》いた絵本《えほん》からはじめましょう。

もくじ

奈《な》良《ら》の都《みやこ》へ

藤原京《ふじわらきょう》は、東《ひがし》は香具山《かぐやま》、西《にし》は畝傍山《うねびやま》、北《きた》は耳成山《みみなしやま》に、南《みなみ》は吉野山《よしのやま》に囲《かこ》まれた、すばらしい地《ち》に営《いとな》まれた都《みやこ》です。

まず、絵本《えほん》をとおして万葉《まんよう》の世界《せかい》に入《はい》っていきましょう。

「あーあ」
「どうしたの？」
「都《みやこ》が、もうすぐ遠《とお》いところへ
うつってしまうのよ……」
「ほんと？」
「この美《うつく》しい藤原宮《ふじわらきゅう》で、もっと長《なが》く
お仕《つか》えしたかったわ……」
「わたしたち、清《きよ》らかな井戸《いど》の水《みず》をくむのが、
ほこらしかったのに……」

「でも、都《みやこ》はどんなところへうつるの？」
「お役所《やくしょ》のえらい方《かた》がたと
視察《しさつ》にいったお父《とう》さまのお話《はなし》では、
奈良盆地《ならぼんち》の北《きた》の端《はし》にある、
広《ひろ》くて平《たい》らな土地《とち》なんですって」
「えーっ、北《きた》の端《はし》？
そんな遠《とお》くに都《みやこ》がうつっちゃうの？」
「天《あめ》の香具山《かぐやま》や明日香川《あすかがわ》は見《み》られなくなるけれど、
佐保川《さほがわ》という川《かわ》が流《なが》れているんですって」

藤原京《ふじわらきょう》の役所《やくしょ》やお寺《てら》の建物《たてもの》が解体《かいたい》されて、
船《ふね》に積《つ》んで佐保川《さほがわ》をのぼっていきます。
都《みやこ》の建設《けんせつ》はどんどん進《すす》んでいます。

「新《あたら》しい都《みやこ》をつくるために、
地方《ちほう》の村《むら》からもたくさんの人《ひと》が
人夫《にんぷ》としてかりだされているんだよ」
「川《かわ》は、ひっこしの船《ふね》でいっぱい！」
「お父《とう》さま、わたしたちも船《ふね》でひっこしするのね」

「まあー、なんと大《おお》きな都《みやこ》でしょ！」

「このりっぱな建物《たてもの》は？」

「それは、奈良《なら》の都《みやこ》の入《い》り口《ぐち》、羅城門《らじょうもん》だよ」

「門《もん》なの？　まるで御殿《ごてん》みたい！」

「真《ま》ん中《なか》の道《みち》もなんと広《ひろ》いこと！

柳《やなぎ》の並木《なみき》もきれい！」

「この道《みち》は朱雀大路《すざくおおじ》といってな、
このずっとずっと先《さき》に、
天皇《てんのう》のおられるお宮《みや》があるんだよ」

「わたしたちは？」

「都《みやこ》の中《なか》ほどに住《す》むことになるだろう」

奈良《なら》の都《みやこ》って、どんなところ？

古《こ》代《だい》の都《みやこ》は、奈良盆地《ならぼんち》の南東部《なんとうぶ》に位《い》置《ち》する明日香《あすか》（飛鳥《あすか》）から、持統《じとう》天皇《てんのう》によって694年《ねん》に、西北西《せいほくせい》へ5キロメートルほどの藤原京《ふじわらきょう》にうつされました。都《みやこ》をうつすことを、「遷都《せんと》」といいます。

藤原京《ふじわらきょう》は、香具山《かぐやま》、耳成山《みみなしやま》、畝傍山《うねびやま》に囲《かこ》まれた地につくられた、日本《にほん》ではじめての本格的《ほんかくてき》な都《みやこ》でした。都《みやこ》は、南北《なんぼく》に走《はし》る大《おお》きな道路《どうろ》（坊《ぼう》）と東西《とうざい》に走《はし》る大《おお》きな道路《どうろ》（条《じょう》）によってごばんの目状《めじょう》に区画《くかく》され、中央《ちゅうおう》には天皇《てんのう》の住《す》まいや政治《せいじ》をおこなう場所《ばしょ》である宮《みや》（藤原宮《ふじわらきゅう》）が置《お》かれました。

藤原京《ふじわらきょう》の時代《じだい》は、国《くに》を治《おさ》めるための本《ほん》格的《かくてき》な法律《ほうりつ》（大宝律令《たいほうりつりょう》）がつくられ、律《りつ》令国家《りょうこっか》*としての基礎《きそ》がきずかれた重要《じゅうよう》な時期《じき》でした。しかし、わずか16年《ねん》で都《みやこ》は、藤原京《ふじわらきょう》から下《しも》ツ道《みち》や中《なか》ツ道《みち》をまっすぐ北《きた》に向《む》かったところにある、奈良盆地《ならぼんち》の北《きた》の端《はし》にうつされたのです。それが奈《な》良《ら》の都《みやこ》（平城京《へいじょうきょう》）です。

平城京《へいじょうきょう》は、東西約《とうざいやく》6キロメートル、南《なん》北約《ぼくやく》5キロメートルに区切《くぎ》られた平《たい》らなスペースにつくられました。

左《ひだり》ページの復元模型《ふくげんもけい》を見《み》てみましょう。平城京《へいじょうきょう》は、藤原京《ふじわらきょう》と同《おな》じように、ごばんの目《め》のように整然《せいぜん》と区画《くかく》され、道幅《みちはば》約《やく》70メートルもある朱雀大路《すざくおおじ》が都《みやこ》の中央《ちゅうおう》を南北《なんぼく》に貫《つらぬ》いていました。天皇《てんのう》が政治《せいじ》をおこなう建物《たてもの》（大極殿《だいごくでん》）や天皇《てんのう》の住《す》まい（内裏《だいり》）、役所《やくしょ》などのある宮《みや》（平城宮《へいじょうきゅう》）は、平城京《へいじょうきょう》の北側《きたがわ》に置《お》かれました。平城宮《へいじょうきゅう》の南《みなみ》に面《めん》した正門《せいもん》を朱雀門《すざくもん》といいます。朱《す》雀門《ざくもん》から南《みなみ》へまっすぐに朱雀大路《すざくおおじ》がのび、その先《さき》の平城京《へいじょうきょう》の南端《なんたん》には羅城門《らじょうもん》がきずかれました。

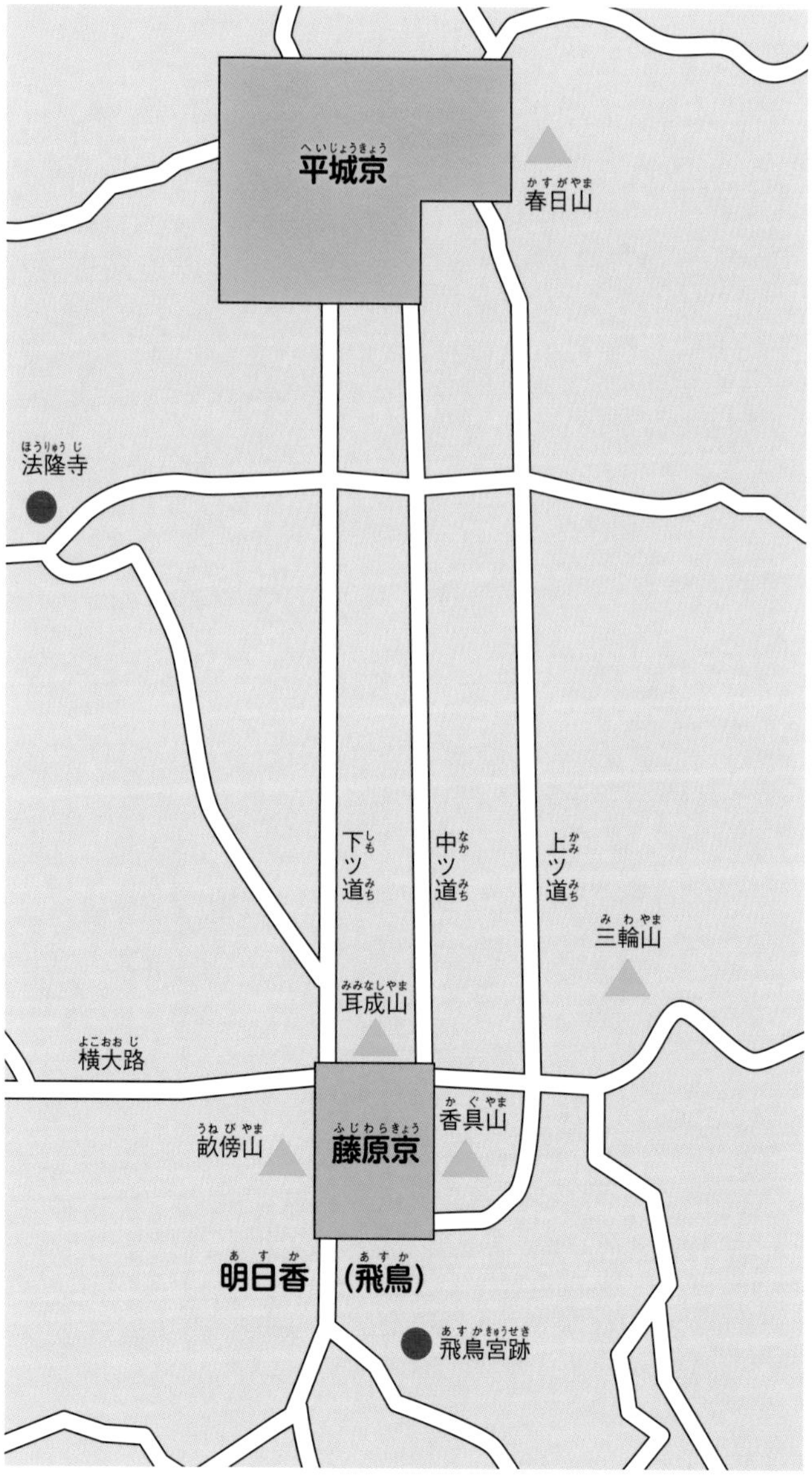

平城京《へいじょうきょう》には10万人《まんにん》ほどがくらしていたといわれますが、政治《せいじ》をとりしきっていたのは、その10パーセントの1万人《まんにん》にも満《み》たない皇族《こうぞく》や貴族《きぞく》・役人《やくにん》でした。皇族《こうぞく》や貴族《きぞく》、高級役人《こうきゅうやくにん》は、平城宮《へいじょうきゅう》に近《ちか》いところに広《ひろ》い宅地《たくち》がわりあてられ、下級役人《かきゅうやくにん》や庶民《しょみん》は、平城宮《へいじょうきゅう》からはなれたところに小《ちい》さく区画《くかく》された宅地《たくち》がわりあてられました。

＊律《りつ》は刑罰《けいばつ》のきまり、令《りょう》は政治《せいじ》をおこなううえでのさまざまなきまりをさす。律令《りつりょう》にもとづいて政治《せいじ》をおこなう国家《こっか》を、律令国家《りつりょうこっか》という。

復元《ふくげん》された朱雀門《すざくもん》。

平城京《へいじょうきょう》の復元模型《ふくげんもけい》。（奈良市役所所蔵）

奈良《なら》の都《みやこ》へはどんなふうに遷都《せんと》したの？

藤《ふじ》原京《わらきょう》から奈良《なら》の都《みやこ》への遷都《せんと》は、多《おお》くの人《ひと》たちの努力《どりょく》と労力《ろうりょく》によって成《な》しとげられました。遷都《せんと》をささえた人《ひと》たちがよんだ歌《うた》を紹介《しょうかい》しましょう。

大君《おほきみ》の　命恐《みことかしこ》み
にきびにし　家《いへ》を置《お》き
こもりくの　泊瀬《はつせ》の川《かは》に
船浮《ふねう》けて　我《わ》が行《ゆ》く川《かは》の
川隈《かはくま》の　八十隈落《やそくまお》ちず
万旅《よろづたび》　かへ《（え）》り見《み》しつつ
玉桙《たまほこ》の　道行《みちゆ》き暮《く》らし
あを《（お）》によし　奈良《なら》の京《みやこ》の
佐保川《さほかは》に　い行《ゆ》き至《いた》りて
我《わ》が寝《ね》たる　衣《ころも》の上《うえ》ゆ
朝月夜《あさづくよ》　さやかに見《み》れば

▼語句《ごく》の意味《いみ》

にきびにし
なれ親《した》しんだ、という意味《いみ》。

こもりくの
「泊瀬《はつせ》（初瀬《はつせ》）」にかかる枕詞《まくらことば》で、山深《やまぶか》い地《ち》をあらわす。枕詞《まくらことば》とは、特定《とくてい》の言葉《ことば》の前《まえ》につけて、語調《ごちょう》を整《ととの》えたり、ある種《しゅ》の情緒《じょうちょ》をそえたりする言葉《ことば》のこと。

泊瀬《はつせ》の川《かは》
現在《げんざい》の初瀬川《はせがわ》のこと。

川隈《かはくま》
川《かわ》が折《お》れ曲《ま》がっているところ。

八十隈《やそくま》
多《おお》くの曲《ま》がり角《かど》。

玉桙《たまほこ》の
「道《みち》」にかかる枕詞《まくらことば》。

あを《（お）》によし
「奈良《なら》」にかかる枕詞《まくらことば》（→20ページ）。

たへ《（え）》のほに　夜《よる》の霜《しも》降《ふ》り
石床《いはとこ》と　川《かは》の氷凝《ひこご》り
寒《さむ》き夜《よ》を　息《やす》むことなく
通《かよ》ひ《（い）》つつ　造《つく》れる家《いへ》に
千代《ちよ》までに　いませ大君《おほきみ》よ
我《われ》も通《かよ》は《（わ）》む《（ん）》

（作者不記載歌《さくしゃふきさいか》　巻《まき》1の79）＊1

現《げん》代《だい》の言《こと》葉《ば》にすると

大君《おおきみ》（天皇《てんのう》）の仰《おお》せを恐《おそ》れかしこみ、なれ親《した》しんだわが家《や》を置《お》いて
泊瀬川《はつせがわ》に船《ふね》を浮《う》かべ、我《われ》らが行《ゆ》く川《かわ》の曲《ま》がり角《かど》ごとに
かぞえきれぬほどふりかえって（故郷《こきょう》を）見《み》ながら日暮《ひぐ》れまで働《はたら》き、
（あおによし）奈良《なら》の都《みやこ》の佐保川《さほがわ》にたどりつき……
わたしが寝《ね》ている、着物《きもの》をしいた床《ゆか》の上《うえ》から朝《あさ》の月《つき》の光《ひかり》で見《み》ると、
真《ま》っ白《しろ》に夜《よる》の霜《しも》が降《お》りている――
岩床《いわどこ》のように川《かわ》が厚《あつ》く凍《こお》っている――
そんな寒《さむ》い夜《よる》も休《やす》むことなく通《かよ》いつづけて造《つく》ったわが家《や》たる宮殿《きゅうでん》に
いつまでもお住《す》まい下《くだ》され、我《わ》が大君《おおきみ》よ。
我《われ》らも通《かよ》ってお仕《つか》え申《もう》し上《あ》げますから。

＊1（　）内《ない》は、作者《さくしゃ》のわからない歌《うた》で、全《ぜん》20巻《かん》のうちの第《だい》1巻《かん》にのっている、約《やく》4500首《しゅ》のうちの79番《ばん》目《め》の歌《うた》ということを示《しめ》す。

たへ《（え）》のほ
真《ま》っ白《しろ》という意味《いみ》。

どんな歌《うた》？

この歌《うた》から、遷都《せんと》に川《かわ》の水運《すいうん》がつかわれたことがわかります。佐保川《さほがわ》は、明日《あす》香《か》における明日香川《あすかがわ》のように、奈良《なら》の都《みやこ》にはなくてはならない川《かわ》でした。

また、この歌《うた》には、遷都《せんと》にかかわった人《ひと》びとの労苦《ろうく》とともに、都《みやこ》の造営《ぞうえい》にたずさわったというほこらしい気持《きも》ちがあふれています。苦労《くろう》してつくった新宮殿《しんきゅうでん》に天皇《てんのう》に永遠《えいえん》に住《す》みつづけてほしい、わたしたちもこの宮殿《きゅうでん》に役人《やくにん》として仕《つか》えつづけます、という思《おも》いがこめられています。

この歌《うた》が作者《さくしゃ》のわからない歌《うた》（作者不記載歌《さくしゃふきさいか》）であることが、かえって多《おお》くの人《ひと》びとの思《おも》いを代弁《だいべん》する「新都《しんと》をたたえる歌《うた》＊2」となったと考《かんが》えられています。

＊2 万葉集《まんようしゅう》には、明日香《あすか》から藤原京《ふじわらきょう》に遷都《せんと》したときによまれた「藤原宮《ふじわらきゅう》をたたえる歌《うた》」ものっている（→29ページ）。

佐保川《さほがわ》って、どんな川《かわ》？

下《した》の地図《ちず》を見《み》てみましょう。佐保川《さほがわ》は、春日山原始林《かすがやまげんしりん》を源《みなもと》とし、平城京《へいじょうきょう》の東《ひがし》を流《なが》れて南下《なんか》し、やがて初瀬川《はせがわ》や明日香川《あすかがわ》と合流《ごうりゅう》して、大和川《やまとがわ》に流《なが》れこんでいく川《かわ》です。

巻頭《かんとう》の絵本《えほん》にあるように、平城京《へいじょうきょう》に都《みやこ》がうつされるとき、前《まえ》の都《みやこ》だった藤原京《ふじわらきょう》から建築資材《けんちくしざい》などさまざまなものが船《ふね》で、初瀬川《はせがわ》を下《くだ》り、佐保川《さほがわ》をさかのぼって運《はこ》ばれました。このように佐保川《さほがわ》は、昔《むかし》から多《おお》くの人《ひと》びとに親《した》しまれ、また重要《じゅうよう》な役割《やくわり》も果《は》たしてきました。

万葉集《まんようしゅう》には、この佐保川《さほがわ》をよんだ歌《うた》がいくつもあります。そのなかの1首《しゅ》を味《あじ》わいながら、万葉時代《まんようじだい》の佐保川《さほがわ》に思《おも》いをはせましょう。

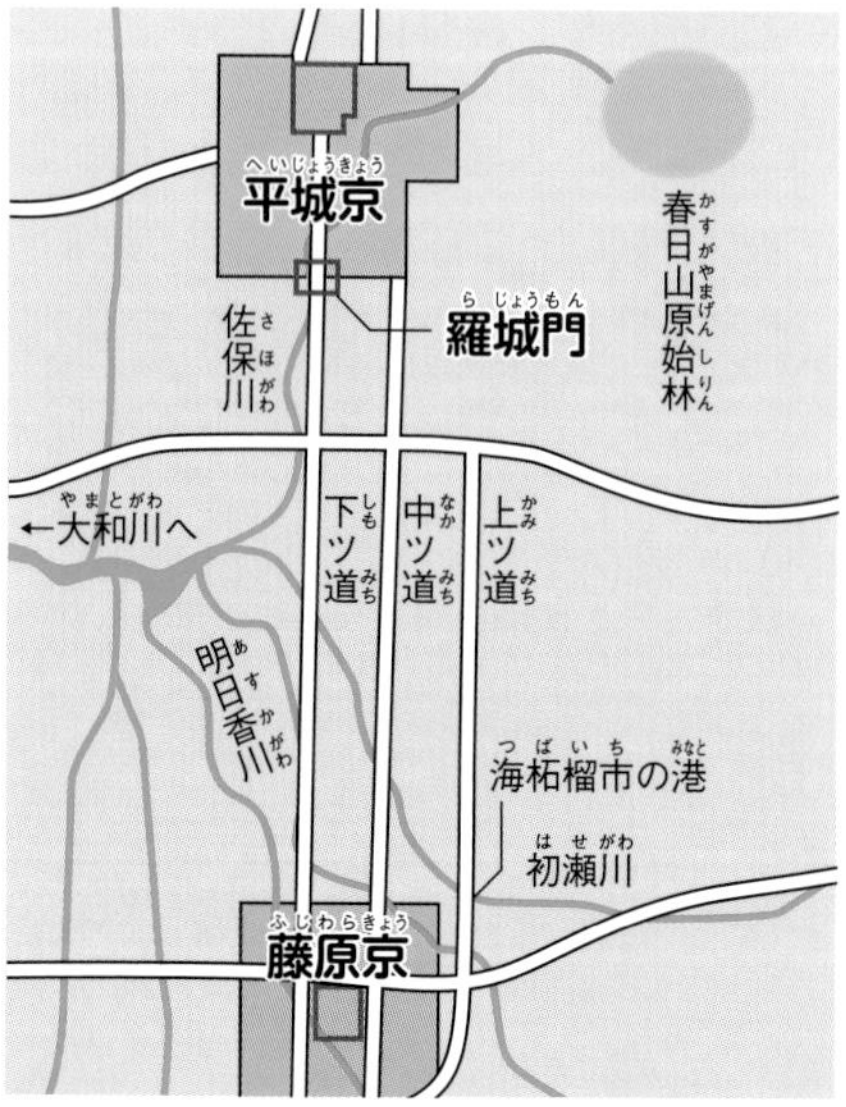

千鳥《ちどり》鳴《な》く
佐保《さほ》の川瀬《かはせ》の
さざれ波《なみ》
やむ時《とき》もなし
我《わ》が恋《こ》ふ《（う）》らくは

（大伴坂上郎女《おおとものさかのうえのいらつめ》　巻《まき》4の526）

現代《げん》の言葉《ことば》にすると

千鳥《ちどり》が鳴《な》く
佐保川《さほがわ》の川瀬《かわせ》のさざ波《なみ》が
何度《なんど》も何度《なんど》もおしよせるように、
やむときがありません、
わたしが恋《こい》しく思《おも》う気持《きも》ちは。

桜並木《さくらなみき》があり、市民《しみん》の憩《いこ》いの場《ば》となっている現代《げんだい》の佐保川《さほがわ》。

▼語句《ごく》の意味《いみ》

さざれ波《なみ》
さざ波《なみ》のこと。小《ちい》さな波《なみ》のこと。

恋《こ》ふ《（う）》らくは
恋《こい》しく思《おも》うことは。

どんな歌《うた》？

佐保川《さほがわ》のさざれ波《なみ》のように次《つぎ》つぎとおしよせてくる恋心《こいごころ》をよんだ歌《うた》です。作者《さくしゃ》の大伴坂上郎女《おおとものさかのうえのいらつめ》は、万葉集《まんようしゅう》の選者《せんじゃ》の一人《ひとり》でもある大伴家持《おおとものやかもち》の叔母《おば》にあたる人《ひと》で、万葉集《まんようしゅう》の代表的《だいひょうてき》な女流歌人《じょりゅうかじん》といわれています。

ここで、坂上郎女《さかのうえのいらつめ》が佐保川《さほがわ》をよんだ歌《うた》を、もう1首紹介《しゅしょうかい》しましょう。佐保川《さほがわ》の川原《かわら》の柳《やなぎ》が芽《め》ぶいているようすを見《み》て、春《はる》の訪《おとず》れをよんだ歌《うた》です。

うち上《のぼ》る
佐保《さほ》の川原《かはら》の
青柳《あほやぎ》は
今《いま》は春《はる》へと
なりにけるかも
（大伴坂上郎女《おおとものさかのうえのいらつめ》　巻《まき》8の1433）

現《げん》代《だい》の言《こと》葉《ば》にすると

流《なが》れにそってのぼってゆく
佐保《さほ》の川原《かわら》の青柳《あおやぎ》は……
まさに今《いま》が春《はる》だと
芽《め》ぶいているよ——。

平城京《へいじょうきょう》にお寺《てら》も移転《いてん》したの？

平《へい》城京《じょうきょう》に建《た》てられたお寺《てら》には、遷都《せんと》にともなって明日香《あすか》（飛鳥《あすか》）と藤《ふじ》原京《わらきょう》から移転《いてん》してきたものと、遷都後《せんとご》に新《あら》たに建《た》てられたものがありました。移《い》転《てん》してきたお寺《てら》としてよく知《し》られているのが、元興寺《がんごうじ》（もとは明日香《あすか》の飛鳥寺《あすかでら》）、興福寺《こうふくじ》（もとは明日香《あすか》の厩坂寺《うまやさかでら》）、大安《だいあん》寺《じ》（もとは藤原京《ふじわらきょう》の大官大寺《だいかんだいじ》）、薬師寺《やくしじ》（もとは藤原京《ふじわらきょう》の薬師寺《やくしじ》）です。

平城京《へいじょうきょう》は、基本的《きほんてき》には南北《なんぼく》に長《なが》い長方《ちょうほう》形《けい》ですが、東部《とうぶ》に張《は》りだした区画《くかく》がつくられました。その区画《くかく》を「外京《げきょう》」といいます。その外京《げきょう》に、広大《こうだい》な敷地《しきち》をもつ元《がん》興寺《ごうじ》と興福寺《こうふくじ》が移転《いてん》してきたのです。元《がん》興寺《ごうじ》は蘇我氏《そがし》の氏寺《うじでら》＊1で、興福寺《こうふくじ》（↓左《ひだり》ページ）は藤原氏《ふじわらし》の氏寺《うじでら》です。

遷都《せんと》後《ご》には、大仏《だいぶつ》で有名《ゆうめい》な東大寺《とうだいじ》をはじめ、唐招提寺《とうしょうだいじ》＊2や西大寺《さいだいじ》など多《おお》くのお寺《てら》が新《あら》たに建《た》てられました。

こうして、平城京《へいじょうきょう》は仏教《ぶっきょう》の栄《さか》える都《みやこ》となったのです。

万葉集《まんようしゅう》の下《した》の歌《うた》は、「元興寺《がんごうじ》の里《さと》をよむ歌一首《うたいっしゅ》」という説明《せつめい》がついている、大《おお》伴坂上郎女《とものさかのうえのいらつめ》の歌《うた》です。

＊1 特定《とくてい》の氏族《しぞく》が、先祖《せんぞ》をまつり、一門《いちもん》の繁栄《はんえい》、死後《しご》の幸《こう》福《ふく》などを祈《いの》るために建《た》てた寺《てら》。

＊2 仏教《ぶっきょう》の戒律《かいりつ》をさずけるために、苦難《くなん》を乗《の》りこえて中《ちゅう》国《ごく》（唐《とう》）から来日《らいにち》した僧《そう》・鑑真《がんじん》が開《ひら》いた寺《てら》。

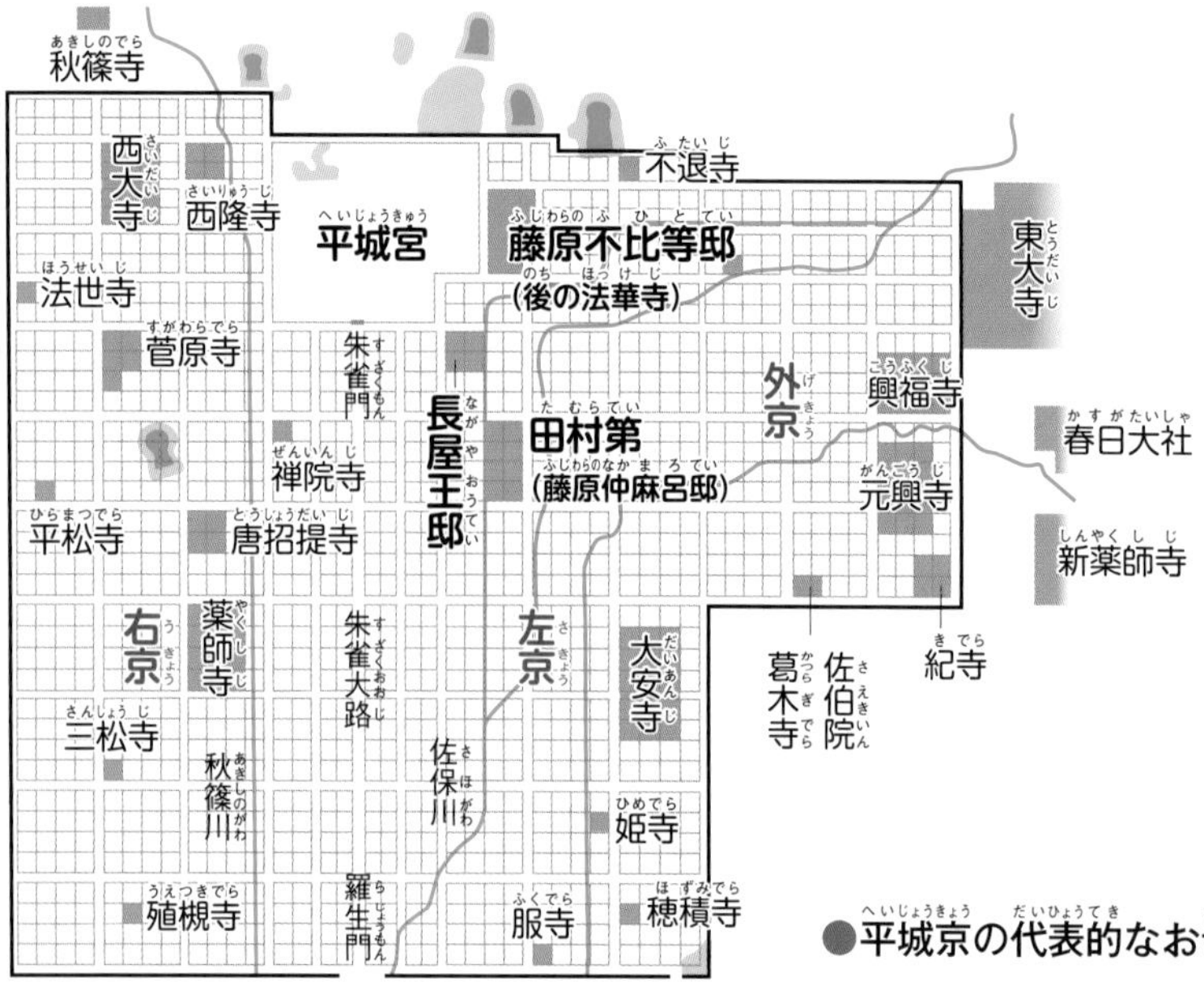

●平城京《へいじょうきょう》の代表的《だいひょうてき》なお寺《てら》

故郷《ふるさと》の
明日香《あすか》はあれど
あを（お）によし
奈良《なら》の明日香《あすか》を
見《み》らくし良《よ》しも

（大伴坂上郎女《おおとものさかのうえのいらつめ》　巻《まき》6の992）

現代《げんだい》の言葉《ことば》にすると

ふるさとの
明日香《あすか》は明日香《あすか》でよいけれど……
（あおによし）奈良《なら》の明日香《あすか》を
見《み》るのもまたよい！

▼語句《ごく》の意味《いみ》

明日香《あすか》はあれど

「明日香《あすか》は明日香《あすか》で存在《そんざい》するけれど」または「明日香《あすか》は明日香《あすか》でよいけれど」という意味《いみ》。

あを（お）によし

「奈良《なら》」にかかる枕詞《まくらことば》（↓20ページ）。

見《み》らくし良《よ》しも

見《み》るのもよいものだ、という意味《いみ》。

どんな歌《うた》？

都《みやこ》が奈良《なら》にうつされたあと、平城京《へいじょうきょう》に住《す》む人《ひと》びとにとって、かつての都《みやこ》であった明日香《あすか》は「ふるさと」となりました。そのため、平城京《へいじょうきょう》の人《ひと》びとは、明日香《あすか》から移転《いてん》してきた元興寺《がんごうじ》があるあたりを「奈良《なら》の明日香《あすか》」とよんだのです。

現代《げんだい》にもそのなごりはあって、明日香《あすか》村《むら》ではないのに、奈良市《ならし》に飛鳥公民館《あすかこうみんかん》や飛鳥小《あすかしょう》・中学校《ちゅうがっこう》などが存在《そんざい》しています。

興福寺《こうふくじ》

平城京《へいじょうきょう》への遷都《せんと》を天皇《てんのう》に強《つよ》くすすめたのは、当時《とうじ》の最高実力者《さいこうじつりょくしゃ》だった藤原不比等《ふじわらのふひと》でした。不比等《ふひと》は、興福寺《こうふくじ》を外京《げきょう》に建《た》てましたが、外京《げきょう》のあたりは高台《たかだい》で、そこからは、天皇《てんのう》のいる平城宮《へいじょうきゅう》をも見下《みお》ろすことができたのです。藤原氏《ふじわらし》はこの高台《たかだい》に氏寺《うじでら》を建《た》てるために、わざわざ張《は》りだし（外京《げきょう》）をつくったのではないかという説《せつ》もあります。

興福寺《こうふくじ》の五重塔《ごじゅうのとう》は、遷都《せんと》より少《すこ》しあとの730年《ねん》に建《た》てられた。

現在《げんざい》の元興寺《がんごうじ》の本堂《ほんどう》の屋根瓦《やねがわら》をよく見《み》ると、なかに赤茶《あかちゃ》けた瓦《かわら》があることに気《き》がつきます。この瓦《かわら》は、明日香《あすか》で焼《や》かれた瓦《かわら》で、お寺《てら》のひっこしのときに瓦《かわら》ももってきたのです。

元興寺《がんごうじ》の本堂《ほんどう》と禅堂《ぜんどう》の屋根瓦《やねがわら》。

奈良《なら》の都《みやこ》をほめたたえる歌《うた》

奈《な》良《ら》の都《みやこ》をほめたたえる歌《うた》としてもっとも有名《ゆうめい》なのが、「あを《(お)》によし」ではじまる左《ひだり》の歌《うた》です。この歌《うた》をじっくり味《あじ》わってみましょう。

あを《(お)》によし
奈良《なら》の都《みやこ》は
咲《さ》く花《はな》の
薫《にほ(う)》ふがごとく
今盛《いまさか》りなり
（大宰少弐小野老《だざいのしょうにおののおゆ》　巻《まき》3の328）

現代《げんだい》の言葉《ことば》にすると

あおによし
奈良《なら》の都《みやこ》は……、
咲《さ》く花《はな》が
照《て》り輝《かがや》くように
今盛《いまさか》りである―。

▼語句《ごく》の意味《いみ》

あを《(お)》によし

「奈良《なら》」にかかる枕詞《まくらことば》で、都《みやこ》のすばらしさをあらわす言葉《ことば》。奈良《なら》の都《みやこ》の北側《きたがわ》の丘陵地帯《きゅうりょうちたい》で、顔料《がんりょう》（水《みず》や油《あぶら》にとけない着色剤《ちゃくしょくざい》）につかう良質《りょうしつ》の青土《あおつち》が産出《さんしゅつ》されていたことから枕詞《まくらことば》となった、という説《せつ》が有力《ゆうりょく》。

薫《にほ(う)》ふ

「におう」は、鼻《はな》で感《かん》じるにおいではなく、照《て》り輝《かがや》くような美《うつく》しさをいう。

どんな歌《うた》?

この歌《うた》は、平城京《へいじょうきょう》でよまれたのではなく、九州《きゅうしゅう》の筑紫《つくし》（現在《げんざい》の福岡県《ふくおかけん》）に置《お》かれた役所《やくしょ》（大宰府《だざいふ》）でよまれた歌《うた》です。大宰府《だざいふ》は、九州地方《きゅうしゅうちほう》を治《おさ》めるとともに、防衛《ぼうえい》や外交《がいこう》の役目《やくめ》をもつ、地方最大《ちほうさいだい》の役《やく》所《しょ》でした。平城京《へいじょうきょう》と同《おな》じような立派《りっぱ》な建《た》物《もの》もありました。（くわしくは既刊《きかん》『令《れい》和《わ》のこころ』参照《さんしょう》）

作者《さくしゃ》である大宰少弐小野老《だざいのしょうにおののおゆ》の「大宰少《だざいのしょう》弐《に》」という官位《かんい》は、大宰府《だざいふ》の長官《ちょうかん》に次《つ》ぐ位《くらい》です。

都《みやこ》から赴任《ふにん》したばかりの小野老《おののおゆ》は、この歌《うた》をよんで、都《みやこ》から遠《とお》くはなれて不安《ふあん》な気持《きも》ちをかかえてくらす大宰府《だざいふ》の役人《やくにん》たちに、「奈良《なら》の都《みやこ》は桜《さくら》の花《はな》が咲《さ》いて、今《いま》まさに真《ま》っ盛《さか》りですよ。みなさん、心配《しんぱい》なされますな」と伝《つた》えたかったのでしょう。

平城宮跡《へいじょうきゅうせき》の復元《ふくげん》された大極殿《だいごくでん》と満開《まんかい》の桜《さくら》。

都《みやこ》びとはどんなものを食《た》べていたの？

万《まん》葉集《ようしゅう》には、食《た》べ物《もの》のことをよんだ歌《うた》もあります。その歌《うた》から、都《みやこ》に住《す》む人《ひと》びと（都《みやこ》びと）がどんなものを食《た》べていたかを知《し》ることができます。

醤酢《ひしほす》に
蒜《ひる》搗《つ》き合《か》てて
鯛《たひ》願《ねが》ふ（う）
我《われ》にな見《み》えそ
水葱《なぎ》の羹《あつもの》
（長忌寸《ながのいみき》 意吉麻呂《おきまろ》 巻《まき》16の3829）

現《げん》代《だい》の言《こと》葉《ば》にすると

もろみに 酢《す》
蒜《ひる》を搗《つ》きくわえた
鯛《たい》を食《た》べたい！
わたしには見《み》せてほしくない……、
安物《やすもの》の水《みず》あおいの入《はい》ったスープは。

▼語句《ごく》の意味《いみ》

醤《ひしほ》 しょうゆやみそのような、大豆《だいず》の発酵《はっこう》食品《しょくひん》。もろみ。

蒜《ひる》 ニンニクやラッキョウのような香辛野《こうしんや》菜《さい》のこと。

搗《つ》き合《か》てて すり鉢《ばち》に材料《ざいりょう》を入《い》れて、すりこぎでたたくこと。

水葱《なぎ》 水《みず》あおいのこと。湿地《しっち》にはえる植物《しょくぶつ》で、その葉《は》を食用《しょくよう》とした。万葉時代《まんようじだい》には、安物《やすもの》の野菜《やさい》の代表《だいひょう》だった。

羹《あつもの》 野菜《やさい》などを入《い》れて煮《に》た熱《あつ》い汁物《しるもの》（スープ）のこと。

どんな歌《うた》？

作者《さくしゃ》の長忌寸《ながのいみき》 意吉麻呂《おきまろ》は、宴会《えんかい》などによばれて即興《そっきょう》で歌《うた》をよむことを得意《とくい》にしていた歌人《かじん》だと考《かんが》えられています。

おそらく、宴会《えんかい》にスープのようなものが出《で》てきたときに、「わたしが食《た》べたいのは鯛《たい》なのに……」と言《い》いながら、この歌《うた》をよんだのでしょう。

万葉《まんよう》の時代《じだい》から、鯛《たい》は高級《こうきゅう》な食材《しょくざい》、魚《さかな》の王様《おうさま》とされていたことがわかります。

もう一《ひと》つ、食《た》べ物《もの》をよんだ歌《うた》を紹介《しょうかい》しましょう。

石麻呂《いわまろ》に　我物申《われものまう》す
夏痩《なつや》せに　良《よ》しといふ（う）ものぞ
鰻《むなぎ》捕《と》り喫《め》せ
（大伴家持《おおとものやかもち》　巻《まき》16の3853）

現《げん》代《だい》の言《こと》葉《ば》にすると

石麻呂《いわまろ》さんに
わたしは申《もう》し上《あ》げます……
夏《なつ》やせに「良《よ》い」という
鰻《うなぎ》を捕《と》ってお食《た》べなさいな。

どんな歌《うた》？

大伴家持《おおとものやかもち》が、非常《ひじょう》にやせている石麻呂《いわまろ》という人《ひと》をからかってよんだ歌《うた》です。万葉《まんよう》の時代《じだい》から、うなぎの栄養《えいよう》が「夏《なつ》バテにきく」といわれていたことが、この歌《うた》からわかります。

平城京《へいじょうきょう》では、貴族《きぞく》や役人《やくにん》たちはどんな遊《あそ》びをしていたの？

万《まん》葉集《ようしゅう》には、「打毬《だきゅう》（マリウチ）」という遊《あそ》びに関連《かんれん》した歌《うた》がのっています。

梅柳《うめやなぎ》
過《す》ぐらく惜《を》しみ
佐保《さほ》のうちに
遊《あそ》びしことを
宮《みや》もとどろに

（作者不記載歌《さくしゃふきさいか》　巻《まき》6の949）

現代《げんだい》の言葉《ことば》にすると

梅《うめ》や柳《やなぎ》の季節《きせつ》が過《す》ぎるのが惜《お》しいので、佐保《さほ》のあたり（春日野《かすがの》）に出《で》かけて遊《あそ》んだばかりに、宮廷《きゅうてい》じゅうが大騒《おおさわ》ぎになってしまった。

▼語句《ごく》の意味《いみ》

梅柳《うめやなぎ》
梅《うめ》や柳《やなぎ》の季節《きせつ》、つまり春《はる》のこと。

宮《みや》
宮廷《きゅうてい》のこと。当時《とうじ》の天皇《てんのう》は、聖武天皇《しょうむてんのう》。

とどろ
音《おと》がひびくことをいう。ここでは、大騒《おおさわ》ぎになったという意味《いみ》。

春日野《かすがの》は、平城京《へいじょうきょう》の東《ひがし》にある春日山《かすがやま》の山《やま》すそ一帯《いったい》のことで、現在《げんざい》の奈良公園《ならこうえん》のあたり。

どんな歌《うた》？

打毬《だきゅう》（マリウチ）は、2組《くみ》に分《わ》かれて、長《なが》いつえで木《もく》製《せい》の球《たま》を打《う》ちあい、ゴールに打《う》ちこんで得点《とくてん》を競《きそ》うゲームです。現《げん》在《ざい》のホッケーにあたります。ペルシャ（現在《げんざい》のイランのあたり）で発生《はっせい》したといわれる遊《あそ》びが、中国《ちゅうごく》を経由《けいゆ》して日本《にほん》に伝《つた》わってきていたのです。

「マリウチ」という言葉《ことば》は右《みぎ》の歌《うた》には出《で》てきませんが、原書《げんしょ》の左注《さちゅう》（歌《うた》の左側《ひだりがわ》に記《しる》される、この歌《うた》がどんな状況《じょうきょう》でよまれたかを説明《せつめい》する注《ちゅう》）に出《で》てきます。その左注《さちゅう》の原文《げんぶん》は省略《しょうりゃく》しますが、現代《げんだい》の言《こと》葉《ば》にしてかんたんに紹介《しょうかい》しましょう。

727年《ねん》の正月《しょうがつ》に、若《わか》い皇族《こうぞく》や貴族《きぞく》たちが春日野《かすがの》に集《あつ》まってマリウチを楽《たの》しんでいた。すると、にわかに空《そら》がくもって、雨《あめ》が降《ふ》り、雷《かみなり》も鳴《な》って、稲光《いなびかり》が走《はし》った。このとき、宮中《きゅうちゅう》には天皇《てんのう》の警護《けいご》にあたるべき役職《やくしょく》の者《もの》がだれもいなかった（みんな春日野《かすがの》で「マリウチ」に熱中《ねっちゅう》していたから）。そこで、その者《もの》たちは天皇《てんのう》の命《めい》令《れい》によって、罰《ばつ》として軟禁《なんきん》され、外出《がいしゅつ》を禁止《きんし》されてしまった。

奈良時代《ならじだい》にシルクロードを通《とお》って伝《つた》わってきた舞楽《ぶがく》の演目《えんもく》の一《ひと》つ「打毬楽《だきゅうらく》」のようす。貴族《きぞく》たちはこのようなすがたでマリウチをしていたのかもしれない。

画像提供：株式会社しろくま堂

若菜摘《わかなつ》み

春日野《かすがの》は、平城京《へいじょうきょう》ではたらく人《ひと》たちの行楽《こうらく》の場《ば》でした。そこでは、マリウチのほか、さまざまな遊《あそ》びがおこなわれていたと考《かんが》えられています。春《はる》の野遊《のあそ》びである「若菜摘《わかなつ》み」もおこなわれていたのでしょう。万葉集《まんようしゅう》の次《つぎ》の歌《うた》から、都《みやこ》びとにとって若菜摘《わかなつ》みは、だれでも知《し》っている春《はる》の行事《ぎょうじ》だったことがわかります。

春日野《かすがの》に　煙立《けぶりた》つ見《み》ゆ　娘子《をとめ》らし
春野《はるの》のうは《（わ）》ぎ　摘《つ》みて煮《に》らしも

（作者不記載歌《さくしゃふきさいか》　巻《まき》10の1879）

現代《げんだい》の言葉《ことば》にすると

春日野《かすがの》に
煙《けむり》が立《た》っているのが見《み》える……
乙女《おとめ》たちが、
春《はる》の野《の》のよめ菜《な》*を摘《つ》んで、煮《に》ているのかな——

*キク科《か》の草《くさ》。万葉時代《まんようじだい》の代表的《だいひょうてき》な春《はる》の摘《つ》み草《くさ》で、食用《しょくよう》にされていた。

地方《ちほう》の役人《やくにん》は、奈良《なら》の都《みやこ》から派遣《はけん》されたの？

万《まん》葉集《ようしゅう》には、20ページの歌《うた》のように、都《みやこ》から地方《ちほう》の役所《やくしょ》に赴任《ふにん》した人《ひと》たちの歌《うた》がのっています。そうした歌《うた》から、万葉時代《まんようじだい》の地方《ちほう》の役人《やくにん》がどのようなくらしをしていたかを知《し》ることができます。まず、大伴家持《おおとものやかもち》の歌《うた》を味《あじ》わいましょう。

春《はる》の日《ひ》に
萌《は》れる柳《やなぎ》を
取《と》り持《も》ちて
見《み》れば都《みやこ》の
大路《おほぢ》し思《おも》ほゆ
（大伴家持《おおとものやかもち》　巻《まき》19の4142）

現代《げんだい》の言葉《ことば》にすると

芽《め》ぶいた柳《やなぎ》を手《て》に取《と》って見《み》ると、
都大路《みやこおおじ》のことが思《おも》い出《だ》される——
そういえば、都《みやこ》の街路樹《がいろじゅ》は
柳《やなぎ》だったなあ。
ああ、柳《やなぎ》といえば、
女《おんな》の人《ひと》たちはこういう細《ほそ》い眉《まゆ》を
描《えが》いていたな……。

柳《やなぎ》の街路樹《がいろじゅ》が植《う》えられている朱雀大路《すざくおおじ》を復元《ふくげん》した現在《げんざい》の朱雀門前《すざくもんまえ》。

▼語句《ごく》の意味《いみ》

萌《は》れる
「芽《め》ぶく」という意味《いみ》。柳《やなぎ》の芽《め》ぶきから、季節《きせつ》が春《はる》だということがわかる。

大路《おほぢ》
奈良《なら》の都《みやこ》の朱雀大路《すざくおおじ》をさしている。

どんな歌《うた》？

この歌《うた》は、750年《ねん》、大伴家持《おおとものやかもち》が越中《えっちゅうの》国《くに》(現在《げんざい》の富山県《とやまけん》)に国守《こくしゅ》として赴任《ふにん》して4度目《どめ》の春《はる》をむかえたころによまれた歌《うた》です。

家持《やかもち》は、芽《め》ぶいた柳《やなぎ》の枝《えだ》を見《み》て、奈良《なら》の都《みやこ》のことを思《おも》い出《だ》したのです。都《みやこ》の大《おお》路《じ》には街路樹《がいろじゅ》として柳《やなぎ》の木《き》が植《う》えられていました。それで、柳《やなぎ》を見《み》ると「ああ、都《みやこ》の大路《おおじ》はこうだったなあ」となつかしんだのです。

でも、この歌《うた》にはうらの意味《いみ》があります。当時《とうじ》、都《みやこ》の貴族《きぞく》の女性《じょせい》たちのあいだでは、眉《まゆ》を細《ほそ》く描《えが》くのがはやっていました。そのような眉《まゆ》を「柳《やなぎ》の眉《まゆ》」とよんでいたので、家持《やかもち》は、柳《やなぎ》を見《み》て都大路《みやこおおじ》のことを思《おも》い出《だ》すと同時《どうじ》に、都《みやこ》の女性《じょせい》のことを思《おも》い出《だ》したのです。

大宰府《だざいふ》でよまれた歌《うた》

もう1首《しゅ》、九州《きゅうしゅう》の筑前《ちくぜん》(現在《げんざい》の福岡県《ふくおかけん》の一《いち》部《ぶ》)の国守《こくしゅ》として赴任《ふにん》していた山上憶良《やまのうえのおくら》＊の歌《うた》を紹介《しょうかい》しましょう。この歌《うた》は、大宰府《だざいふ》の長《ちょう》官《かん》として赴任《ふにん》していた大伴旅人《おおとものたびと》＊(大伴家持《おおとものやかもち》の父《ちち》)が大納言《だいなごん》に出世《しゅっせ》して、奈良《なら》の都《みやこ》に帰《かえ》ることになったとき、その送別《そうべつ》の宴《うたげ》で山上憶《やまのうえのおく》良《ら》がよんだ歌《うた》です。地方《ちほう》の役人《やくにん》の、都《みやこ》へ帰《かえ》りたいという強《つよ》い思《おも》いが表現《ひょうげん》されています。

＊くわしくは、既刊《きかん》『令和《れいわ》のこころ』を参照《さんしょう》。

我《あ》が主《ぬし》の
御霊《みたま》賜《たま》ひ(い)て
春《はる》さらば
奈良《なら》の都《みやこ》に
召上《めさ》げたまは(わ)ね

(山上憶良《やまのうえのおくら》　巻《まき》5の882)

現代《げんだい》の言葉《ことば》にすると

あなた様《さま》の
恩寵《おんちょう》を賜《たまわ》って、
春《はる》になったら
奈良《なら》の都《みやこ》に
よび上《あ》げてくださいな。

万葉集《まんようしゅう》の原文《げんぶん》は全部漢字《ぜんぶかんじ》で書《か》かれていた

この本《ほん》で27ページまでに紹介《しょうかい》した歌《うた》は、漢字《かんじ》で書《か》かれていた原文《げんぶん》を、現代《げんだい》の人《ひと》が読《よ》めるように、漢字《かんじ》とかなをつかって読《よ》み下《くだ》したもの。たとえば、20ページの「あをによし」ではじまる歌《うた》も、原文《げんぶん》は左《ひだり》のとおり、漢字《かんじ》だけで書《か》かれていた。

原文《げんぶん》

青丹吉 寧樂乃京師者
咲花乃 薫如
今盛有

漢字《かんじ》に読《よ》みがなをつけると、次《つぎ》のようになる。

青丹吉《あをによし》 寧樂乃京師者《ならのみやこは》
咲花乃《さくはなの》 薫如《にほふがごとく》
今盛有《いまさかりなり》

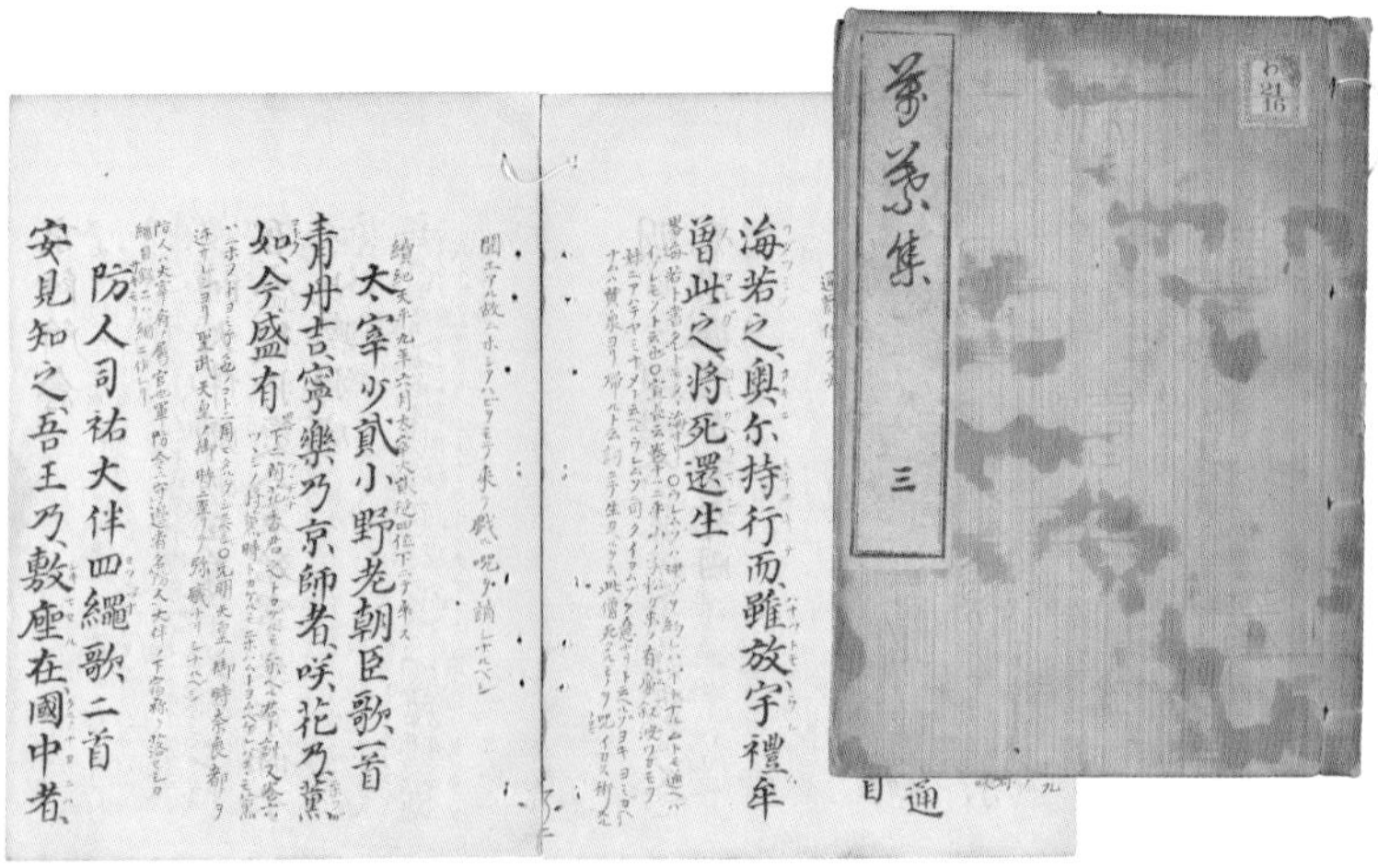

江戸時代《えどじだい》に発行《はっこう》された『万葉集《まんようしゅう》』の写本《しゃほん》のなかの「あをによし」の歌《うた》のページ。（出典：国立国会図書館デジタルコレクション）

長歌《ちょうか》には反歌《はんか》がつけられる

万葉集《まんようしゅう》の歌《うた》は、歌《うた》の長《なが》さによって、短歌《たんか》、長歌《ちょうか》、旋頭歌《せどうか》の3つに分類《ぶんるい》される（↓既刊《きかん》『古代《こだい》の都《みやこ》』29ページ）。長歌《ちょうか》は、「五七五七…」と長《なが》く続《つづ》け、最後《さいご》を「五七七」と結《むす》ぶ長《なが》い歌《うた》のため、歌《うた》の意味《いみ》を反復《はんぷく》・補足《ほそく》・要約《ようやく》した短歌《たんか》がそえられることが多《おお》い。この短歌《たんか》を「反歌《はんか》」とよぶ。

藤原京《ふじわらきょう》から奈良《なら》の都《みやこ》に遷都《せんと》したときの新都《しんと》をたたえる長歌《ちょうか》（↓14ページ）にも、次《つぎ》のような反歌《はんか》がそえられている。

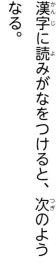

あを《（お）》によし
奈良《なら》の家《いへ》には
万代《よろづよ》に
我《われ》も通《かよ》は《（わ）》む《（ん）》
忘《わす》ると思《おも》ふ《（う）》な
（作者不記載歌《さくしゃふきさいか》　巻《まき》1の80）

現代《げんだい》の言葉《ことば》にすると

（あおによし）奈良《なら》の家《いえ》には　万代《ばんだい》までも（永遠《えいえん》に）　我《われ》らも通《かよ》いましょう。忘《わす》れるなんてけっして思《おも》ってくださいますな。

このように、この反歌《はんか》は、新都《しんと》をたたえる思《おも》いを端的《たんてき》に表現《ひょうげん》している。

ところで、明日香《あすか》から藤原京《ふじわらきょう》に遷都《せんと》したときにも、新都《しんと》をたたえる長歌《ちょうか》がつくられている。その長歌《ちょうか》を「藤原宮《ふじわらきゅう》の御井《みい》の歌《うた》」（巻《まき》1の52）という。「御井《みい》の歌《うた》」は、藤原宮《ふじわらきゅう》の中心《ちゅうしん》にすえられた井戸《いど》から永遠《えいえん》に清水《しみず》がわきでて、藤原宮《ふじわらきゅう》が永遠《えいえん》に繁栄《はんえい》してほしいという願《ねが》いをうたっている。この長歌《ちょうか》にも反歌《はんか》がそえられている。その反歌《はんか》が左《ひだり》の歌《うた》。

藤原《ふぢはら》の
大宮仕《おほみやつか》へ《（え）》
あれつぐや
を《（お）》とめがともは
羨《とも》しきろかも
（作者不記載歌《さくしゃふきさいか》　巻《まき》1の53）

現代《げんだい》の言葉《ことば》にすると

藤原《ふじわら》の　大宮《おおみや》に
お仕《つか》えすべく生《う》まれついた
おとめたちは　うらやましいなぁ

●この本《ほん》を理解《りかい》するために役立《やくだ》つ　年表《ねんぴょう》

六九〇年《ねん》	686年《ねん》に亡《な》くなった天武天皇《てんむてんのう》の皇后《こうごう》が即位《そくい》して、持統天皇《じとうてんのう》となる
六九四年《ねん》	持統天皇《じとうてんのう》によって、都《みやこ》が明日香《あすか》から藤原京《ふじわらきょう》にうつされる
六九七年《ねん》	文武天皇即位《もんむてんのうそくい》
七〇一年《ねん》	大宝律令《たいほうりつりょう》ができる
七〇七年《ねん》	元明天皇即位《げんめいてんのうそくい》
七〇八年《ねん》	都《みやこ》が奈良盆地《ならぼんち》の北端《ほくたん》にうつることが決《き》まる 貨幣《かへい》「和同開珎《わどうかいほう》＊」が発行《はっこう》される
七一〇年《ねん》	元明天皇《げんめいてんのう》によって、都《みやこ》が藤原京《ふじわらきょう》から奈良《なら》（平城京《へいじょうきょう》）にうつされる
七一二年《ねん》	『古事記《こじき》』ができる
七一六年《ねん》	大安寺《だいあんじ》が平城京《へいじょうきょう》に移転《いてん》される
七一七年《ねん》	遣唐使《けんとうし》として、多治比真人《たじひのまひと》、吉備真備《きびのまきび》、阿倍仲麻呂《あべのなかまろ》、僧玄昉《そうげんぼう》らが唐《とう》に向《む》かう
七一八年《ねん》	元興寺《がんごうじ》、薬師寺《やくしじ》が明日香《あすか》と藤原京《ふじわらきょう》より平城京《へいじょうきょう》に移転《いてん》される
七二〇年《ねん》	『日本書紀《にほんしょき》』ができる
七二四年《ねん》	聖武天皇即位《しょうむてんのうそくい》
七三〇年《ねん》	正月《しょうがつ》　大宰府《だざいふ》の長官《ちょうかん》・大伴旅人《おおとものたびと》の館《やかた》で「梅花《ばいか》の宴《えん》」が開《ひら》かれる 12月《がつ》　大伴旅人《おおとものたびと》が大納言《だいなごん》に出世《しゅっせ》し、平城京《へいじょうきょう》に帰《かえ》る
七四六年《ねん》	大伴家持《おおとものやかもち》、国守《こくしゅ》として越中《えっちゅう》（現在《げんざい》の富山県《とやまけん》）に赴任《ふにん》する
七五二年《ねん》	東大寺《とうだいじ》の大仏《だいぶつ》ができる

＊「わどうかいちん」ともよばれる。

都《みやこ》びとの食《た》べ物《もの》を知《し》る手《て》がかり

平城宮《へいじょうきゅう》から発掘《はっくつ》された数多《かずおお》くの木簡《もっかん》（木札《きふだ》に文字が書かれたもの）から、当時《とうじ》の人《ひと》たちがどんなものを食《た》べていたかがわかった。貴族《きぞく》は、ふだんの食事《しょくじ》には漆器《しっき》をつかい、米《こめ》、野菜《やさい》、動物《どうぶつ》の肉《にく》や乳製品《にゅうせいひん》、魚介類《ぎょかいるい》、海産《かいさん》物《ぶつ》、果物《くだもの》、菓子《かし》などを食《た》べていたようだ。

長尾王《ながやおう》＊の邸宅跡《ていたくあと》（→18ページ）から発《はっ》見《けん》された木簡《もっかん》。鮑《あわび》（アワビ）が10束《たば》おさめられたことが書《か》かれている。（奈良文化財研究所所蔵）

貴族《きぞく》の食事《しょくじ》
（料理《りょうり》復元《ふくげん》：奥村彪生《おくむらあやお》
奈良文化財研究所所蔵）

（料理名加筆：編者）

＊天武天皇《てんむてんのう》の孫《まご》。平城宮《へいじょうきゅう》の近《ちか》くに広《ひろ》い邸宅《ていたく》をかまえていた。

かなづかいについて

この本《ほん》に掲載《けいさい》した万葉集《まんようしゅう》の歌《うた》については、ひらがな部分《ぶぶん》は歴史的《れきしてき》かなづかいで表記《ひょうき》し、その横《よこ》の（　）の中《なか》に現代《げんだい》かなづかいを示《しめ》しました。

なお、漢字《かんじ》の読《よ》みがなも歴《れき》史的《してき》かなづかいで表記《ひょうき》していますが、現代《げんだい》かなづかいの読《よ》みがなを左《ひだり》に記《しる》しましたので、学習《がくしゅう》の参考《さんこう》にしてください。

（14ページ）大君《おほきみ》の→大君《おおきみ》の
家《いへ》→家《いえ》　川《かは》→川《かわ》
万旅《よろづたび》→万旅《よろずたび》
（15ページ）石床《いはとこ》→石床《いわとこ》
（16ページ）川瀬《かはせ》→川瀬《かわせ》
（17ページ）川原《かはら》→川原《かわら》
青柳《あをやぎ》→青柳《あおやぎ》
（20ページ）薫《にほ》ふ→薫《にお》ふ
（22ページ）醤《ひしほ》→醤《ひしお》　鯛《たひ》→鯛《たい》
（23ページ）物申《ものまを》す→物申《ものもう》す
鰻《むなぎ》→鰻《うなぎ》
（24ページ）惜《を》しみ→惜《お》しみ
（25ページ）娘子《をとめ》→娘子《おとめ》
（26ページ）大路《おほぢ》→大路《おおじ》
（29ページ）家《いへ》→家《いえ》　万代《よろづよ》→万代《よろずよ》
藤原《ふぢはら》の→藤原《ふじわら》の

歌《うた》さくいん

さくいん

■監修

上野　誠（うえの　まこと）

1960年、福岡生まれ。國學院大學大学院文学研究科博士課程満期退学。博士（文学）。奈良大学文学部教授。第12回日本民俗学会研究奨励賞、第15回上代文学会賞、第7回角川財団学芸賞、第20回奈良新聞文化賞、第12回立命館白川静記念東洋文字文化賞受賞。『古代日本の文芸空間』（雄山閣出版）、『魂の古代学―問いつづける折口信夫』（新潮選書）、『万葉挽歌のこころ―夢と死の古代学』（角川学芸出版）、『折口信夫的思考－越境する民俗学者－』（2018年、青土社）、『万葉文化論』（2018年、ミネルヴァ書房）など著書多数。万葉文化論の立場から、歴史学・民俗学・考古学などの研究を応用した『万葉集』の新しい読み方を提案。近年執筆したオペラの脚本も好評を博している。

■絵

花村　えい子（はなむら　えいこ）

埼玉県川越市生まれ。1959年、貸本漫画「別冊・虹」に『紫の妖精』を発表してデビュー。以来、少女漫画界を代表する漫画家として、今日まで精力的に作品を発表しつづける。2007年、フランス国民美術協会（SNBA）サロン展覧会に招待作家として参加、特別賞を受賞。1960～70年代に描いた少女のイラストが可愛いと話題になり、国内外でグッズが販売されている。代表作に『霧のなかの少女』『花影の女』や、絵本『三月十日の朝』などがある。その抒情的な表現は高い評価を得ている。近年は『源氏物語』を描くことをライフワークとしている。日本漫画家協会名誉会員。

■編・デザイン

こどもくらぶ（石原尚子、長江知子、矢野瑛子）

■企画・制作

(株)今人舎

■取材・写真協力

奈良市役所
奈良文化財研究所

■写真協力

PIXTA
フォトライブラリー

■主な参考図書

『万葉びとの奈良』
著 / 上野誠　出版社／新潮選書　2010年
『はじめて楽しむ万葉集』
著 / 上野誠　出版社／角川ソフィア文庫　2012年
『万葉集で親しむ大和ごころ』
著 / 上野誠　出版社／角川ソフィア文庫　2015年
『万葉文化論』
著 / 上野誠　出版社／ミネルヴァ書房　2018年

万葉集から学ぼう 日本のこころと言葉
奈良の都

2020年8月30日　初版第1刷発行　〈検印省略〉

定価はカバーに
表示しています

監　修　上野　誠
絵　花村えい子
発行者　杉田啓三
印刷者　藤田良郎

発行所　株式会社　ミネルヴァ書房
607-8494　京都市山科区日ノ岡堤谷町1
電話 075-581-5191／振替 01020-0-8076

印刷・製本　瞬報社写真印刷株式会社

ISBN978-4-623-09032-7
NDC210/32P/27cm
Printed in Japan

既刊

令和のこころ

万葉の世界と梅花の宴

著／上野 誠
絵／花村 えい子

27cm　32ページ　NDC210
オールカラー　小学校中学年～

新元号「令和」の源「梅花の宴」を、絵本で導入

万葉集から学ぼう 日本のこころと言葉

古代の都

監修／上野 誠
絵／花村 えい子
編／こどもくらぶ

27cm　32ページ　NDC210
オールカラー　小学校中学年～

万葉のふるさと明日香を、絵本で導入